I0455770

T.Breise

Beliebt

Wie man es schafft,
dass andere einen mögen

(Die Kunst, beliebt und sypathisch zu
werden)

Auflage 2017 Juni
ISBN-13: **978-1547172313**
ISBN-10: **1547172312**

Copyright © 2017 T. Breise

Webseite tbreise.buch-autoren.de
Email: tbreise@tbreise.buch-autoren.de
Impressum:

T.Breise

c/o Autoren.Services

Zerrespfad 9

53332 Bornheim
Gestaltung: Jason Masters Photography
Bilder: shutterstock.com Photography

Newsletter Eintrag für Neuerscheinungen,
bitte per Email Anfrage an:
newsletter@tbreise.buch-autoren.de

T.Breise

Beliebt

Wie man es schafft,
dass andere einen mögen

(Die Kunst, beliebt und sypathisch zu
werden)

Inhaltsverzeichnis

Einleitung

Beliebt sein ist eine Sehnsucht, die tief im Menschen verankert ist. Jeder Mensch möchte attraktiv und beliebt sein. Anziehende und beliebte Persönlichkeiten haben den Vorteil, vor Einsamkeit geschützt so sein. Der Grund dafür, dass wir beliebt sein möchten, liegt darin, dass Menschen als soziale Wesen geboren werden. In vollkommener Isolation kann der Einzelne nicht überleben. Andere Menschen fungieren als Spiegel und auch als Sicherheitsfaktoren in Krisensituationen. Beliebt zu sein bedeutet, dass jemand sich einsetzen würde, um unser Leben zu schützen und zu erleichtern.

Beliebte Menschen sind selten einsam und erleben weniger Mangel als unbeliebte Menschen. Außerdem hängt unser Selbstwertgefühl zum Teil auch davon ab, wie wir in der Umgebung wahrgenommen werden. Beliebte Menschen erhalten die Botschaft, wertvoll zu sein. Diese Botschaft wird uns normalerweise schon zu Beginn unseres Lebens durch unsere Mutter vermittelt. Sie gibt uns damit eine Bedeutung im Leben.

Wir fühlen uns wohl, wenn wir geschätzt werden. Allerdings stehen viele Erwachsene auch in der Gefahr, vom Beliebt-Sein abhängig zu sein. Achten Sie darauf, dass Sie Ihr Selbstwertgefühl nicht nur durch die Anerkennung von außen speisen. Wäre das der Fall, würden Sie sich kaum wirklich beliebt machen können. Im tiefsten Grunde ihres Wesens mögen Menschen keine Abhängigkeiten. Dabei gehen Augenhöhe und Selbstständigkeit verloren. Wer sich beliebt macht, um sein Selbstwertgefühl aufzupolieren, ist schnell zu schlechten Kompromissen bereit und stellt Forderungen an die Umwelt, die diese nicht zu erfüllen bereit oder in der Lage ist. Menschen mit schwachem Selbstwertgefühl fordern ständig Anerkennung und Aufmerksamkeit, das ist anstrengend für die Mitmenschen. Beliebtheit dagegen ist eine Qualität, die auf Freiwilligkeit basiert. Über die Einstellung, die andere Ihrer Person entgegenbringen, dürfen sie selbst entscheiden. Sie können zwar die richtigen Signale senden, aber Sie können niemanden dazu zwingen, Sie sympathisch zu finden. Das sollten Sie beim Lesen dieses Buches immer im Hinterkopf behalten.

Auch wenn Sie sich exakt so verhalten, dass Sie beliebt sind, kann es immer wieder vorkommen, dass jemand Sie nicht mag. Das kann Gründe haben, die nicht in Ihnen sondern in der anderen Person liegen. Es schadet aber nicht, denn Sie können nicht von jedem gemocht werden. Sie werden schnell merken, dass es Ihnen reicht, bei den Menschen beliebt zu sein, auf die es Ihnen wirklich ankommt. Erzwingen Sie sich nicht mehr Sympathien, als sie verarbeiten können.

Nehmen wir einmal an, Sie hätten bereits ein stabiles soziales Umfeld, sind aber nicht sonderlich beliebt. Dieser Fall kommt häufiger vor, als Sie denken. Viele Menschen klagen darüber, in Ihrem Umfeld nicht die gewünschte Position zu haben. Manche fühlen sich als Notnagel, andere fühlen sich häufig übergangen oder als Nebensache abgetan. Wenn Sie beliebt sind, wird das nicht mehr passieren. Sie brauchen dafür nicht gleich das Umfeld zu wechseln.

Ein Sprichwort sagt, für den ersten Eindruck gäbe es keine zweite Chance. Das stimmt nur begrenzt. Menschen können sich verändern und die Umwelt nimmt die Veränderung auch wahr. Es dauert zwar meist eine Weile, bis die Umwelt die neue Ausstrahlung sieht, doch grundsätzlich können Sie sich zu jedem Zeitpunkt ihres Lebens entscheiden, beliebt zu werden. Wenn Sie an ihrem Image arbeiten, können sie sich ein vollkommen neues Image erschaffen. Ihre Umgebung wird sich mit Ihrer Veränderung wandeln. Vielleicht werden einige aus Ihrem Kreis verschwinden, neue werden hinzukommen. Arbeiten Sie an sich.

Ersparen Sie sich, mit anderen um Ihre Beliebtheit zu kämpfen oder sie zu einem anderen Verhalten Ihnen gegenüber verändern zu wollen. Das ist Energieverschwendung. Verändern Sie sich einfach. Gehen Sie selbstkritisch mit Ihrer Außenwirkung ins Gericht und ersetzen Sie Stück für Stück Ihre alten Muster gegen neue. Sie werden merken, dass in Ihrem Leben eine Dynamik beginnt, die die Dinge zum Besseren wendet. Aber geben Sie sich Zeit.

Um einen Eindruck oder gar ein jahrelang geprägtes Bild zu verändern, braucht es eine Weile. Je intensiver Sie sich mit der Erschaffung Ihrer neuen Wirkung befassen, umso schneller wird es gehen. Und werfen Sie nicht das Handtuch, wenn Ihre Geduld strapaziert wird. Sie haben nichts zu verlieren. Behalten Sie Ihren neuen Kurs bei. Verlieren können Sie nicht. Die Frage ist nur, ob Sie kurzfristig oder mittelfristig gewinnen. In diesem Sinne wünsche ich Ihnen viel Erfolg und gutes Gelingen auf Ihrem Weg zu einem beliebten Menschen.

Gestalten Sie Ihr Weltbild positiv

„Wie es in den Wald hineinruft, so schallt es heraus". Dieses alte Sprichwort kennen wir alle. Doch oft wird der Satz nur sehr oberflächlich verstanden. Hier geht es darum, mit welcher Grundhaltung Sie anderen Menschen begegnen. Wir werden in unserer Umgebung gespiegelt. Das bedeutet, ein Mensch kann nur beliebt sein, wenn er auch bereit ist, die Mitmenschen für liebenswert zu halten. Die Bemühungen, beliebter zu sein als andere, laufen meist ins Leere. Hier handelt es sich nicht um das gegenseitige Aufbauen von Sympathien, sondern um Profilneurosen.

Gehen Sie also nicht auf Menschen zu, mit dem Ziel, sich beliebt zu machen. Beliebt sein ist eine Frage der Ganzheit. Sie können nicht aufgrund einzelner Handlungen oder Äußerungen beliebt sein. Sie können nur als ein ganzer Mensch ein beliebter Mensch sein.

Ihre Mitmenschen nehmen wahr, was Sie über sie denken. Sie haben richtig gelesen. Sie strahlen Ihre Haltung gegenüber der Welt, dem Leben und den Menschen aus. Das geschieht unbewusst und ist vielleicht noch nicht einmal Ihnen in allen Einzelheiten klar. Bevor Sie ein beliebter Mensch sein können, müssen Sie ein positiver Mensch sein. Die folgenden Übungen helfen Ihnen dabei, optimistisch und mit einer positiven Grundstimmung durch das Leben zu gehen. Das ist die Basis für „beliebt sein".

Übung 1:

Schreiben Sie jeden Abend drei Dinge auf, die Ihnen an Ihren Mitmenschen gefallen haben. Machen Sie sich bewusst, dass Menschen gute Eigenschaften haben, die Sie zu schätzen wissen. Dabei brauchen Sie Ihr Licht nicht unter den Scheffel zu stellen.

Notieren Sie in einem zweiten Schritt das, was Ihnen an diesem Tag gut gelungen ist. Wenn Sie sich und andere gleichermaßen wertschätzen, nehmen Sie eine Position der Gleichwertigkeit ein. Das schützt Sie vor Überheblichkeit und vor Unterwerfung. Beide Extreme stehen dem „Beliebt-Sein" im Weg.

Übung 2:

Halten Sie sich fern von Meckerrunden. Es gibt Menschen, die immer wieder über die gleichen Aspekte jammern und klagen. Diese Personen haben einen Inhalt in Ihren Tiraden. Aber sie vergiften die Seele und erdrücken die Lebensfreude. Selbst wenn die wirtschaftliche Lage sich dramatisch zuspitzt und die Erkältung einfach nicht weggehen will, es wird nicht besser, wenn Sie darüber jammern. Entweder Sie ändern etwas oder Sie akzeptieren es, wie es ist. Negative Gedanken ziehen Sie und andere hinunter.

Beliebte Menschen motivieren Ihre Umwelt. Das bedeutet, sie ziehen sie hoch. Wenn Sie den Nörglern aus dem Weg gehen lernen, werden Sie schnell merken, wie sich Ihre eigene Grundstimmung hebt.

Übung 3:

Machen Sie jeden Tag ein Kompliment. Im Alltag begegnen wir so vielen schönen Dingen und freundlichen Menschen. Aber meist wird all das hingenommen wie eine Selbstverständlichkeit. Machen Sie ein Kompliment, wenn die Nachbarin vom Friseur kommt. Sagen Sie Menschen etwas Nettes. Das wird sie aufbauen und Sie werden mit einem Lächeln belohnt. Ein Kompliment wirkt wie ein Geschenk. Und die Psychologen haben herausgefunden, dass Geschenke zu machen eine wirkungsvolle Methode ist, um die eigenen Glücksbotenstoffe in Bewegung zu bringen. Mit einem Kompliment für einen anderen Menschen machen Sie sich also auch noch zusätzlich selbst glücklicher.

Wie sehen Sie die Welt?

War für Sie früher alles besser? Stören Sie die vielen Unruhen und Ungerechtigkeiten auf der Erde? Das ist verständlich, aber es darf Ihre Stimmung nicht beherrschen. Wenn Sie sich durch die Not in der Welt belastet fühlen, dann unternehmen Sie etwas dagegen. Spenden Sie für einen guten Zweck oder melden Sie sich für ein Ehrenamt. Machtlosigkeit lässt Sie schnell zu einer Opferstruktur finden. Opfer sind aber nicht beliebt, im besten Fall werden Sie bemitleidet. Gehen Sie in Aktion. Dadurch lernen Sie neue Menschen kennen und zeigen, was Sie können. Sie werden als jemand gesehen, der aktiv zufassen kann. Das ist ein Grund, um Sie zu den beliebten Menschen zu zählen.

Ihre Sicht auf die Welt wird sich ändern, wenn Sie nicht nur aus Ihrer Komfortzone die Vorgänge betrachten. Verlassen Sie die Couch und werden Sie lebendig. Menschen finden Lebendigkeit attraktiv und Sie werden schnell Anerkennung und Attraktivität erfahren, wenn Sie aktiv Anteil nehmen an dem, was um Sie herum vor sich geht. Außerdem erhalten Sie durch Engagement für ein bestimmtes Thema auch Informationen und Ihr Horizont wird erweitert. So entstehen mehr mögliche Gesprächsthemen und Ihre Bedeutung für Ihre Mitmenschen nimmt zu. Sie werden wahrgenommen, eine wichtige Voraussetzung, um beliebt zu sein.

Bleiben Sie neugierig

Gehören Sie zu den Menschen, die sich ganz genau kennen? Sie wissen, was Ihnen guttut und was nicht? Sie kennen Ihren Geschmack, Ihre Hobbys und Interessen. Herzlichen Glückwunsch, Sie sind fertig. Der Trend dahin, sich selbst zu kennen und damit auch zu perfektionieren, tötet jede Chance auf eine neue Begegnung mit sich und anderen.

Bleiben Sie offen für die vielen Facetten, die Sie an sich selbst noch gar nicht entdeckt haben. Begrüßen Sie jede neue Erfahrung mit offenen Armen. Ein Mensch ist ein sehr komplexes System, das auf die Impulse aus der Außenwelt reagiert. Wenn sich die Impulse ändern, ändert sich auch die Reaktion. Sie können sich immer im Hinblick auf das kennen, was bereits hinter Ihnen liegt. Freuen Sie sich auf das, was vor Ihnen liegt. Es ist noch nicht sichtbar aber es könnte sein, dass Sie von einem Opernfan zu einem Minnesänger werden. Oder vielleicht von einem eingefleischten Autofahrer zum Rollerliebhaber.

Neugier und Lebenslust sind Eigenschaften, die wir bei Kindern bewundern. Wir sollten Sie nicht aufgeben, nur, weil wir ein paar Jahre länger auf der Welt sind. Strahlen Sie diese Offenheit aus. Ihre Mitmenschen werden merken, dass Sie vielseitig interessiert sind. Das erhöht ganz konkret Ihre Chancen auf Einladungen und Gespräche. Wenn andere Ihnen zutrauen, dass Sie offen sind, werden Sie Ihnen einfach mehr anbieten. Das ist ein großer Vorteil von beliebten Menschen: Sie erhalten Angebote.

Checkliste – Die Welt liebt Sie, wenn Sie die Welt lieben

- Beginnen Sie, positive Aktionen Ihrer Mitmenschen und Ihre eigenen Bewusst wahrzunehmen.
- Machen Sie jeden Tag einem fremden Menschen ein Kompliment.
- Werden Sie aktiv und gestalten Sie mit an einer besseren Welt.
- Lernen Sie sich kennen und bleiben Sie neugierig auf sich selbst und das Leben.

Ein schönes Zitat des weisen Griechen Sokrates sollte Ihr Leitspruch werden: Wenn du die Welt verändern willst, ändere dich selbst.

Begegnen Sie Ihrer Umwelt mit Liebe statt mit Angst

Neue Erfahrungen, Orte und Menschen lösen unbewusst oft Ängste aus. Alles, was uns nicht bekannt ist, kann unsere Sicherheit mindern. Das ist normal und niemand sollte die Augen davor verschließen. Eine gewisse Vorsicht braucht der Mensch, um sich geschützt zu fühlen. Auch diesen Aspekt unseres Erlebens haben wir von unseren Vorfahren aus der Höhle übernommen. Menschen kommen nicht aus ihrer Haut heraus. Auch Sie nicht. Nehmen Sie doch einmal wahr, dass Sie Ängste fühlen. Erst dann können Sie mit diesen Ängsten umgehen. Angst wird wahrgenommen und sogar gerochen. Ängstliche Menschen sind nicht beliebt, denn Sie weisen auf Gefahren hin. Erst, wenn wir mit der Angst umgehen lernen, können wir sie so gestalten, dass sie der Sympathie nicht mehr im Weg steht.

Was genau fürchten Sie?

Zusätzlich zur angeborenen Vorsicht fremden Menschen und Situationen gegenüber gibt es noch die individuellen Ängste. Oft sind auch die uns nicht bewusst, weil sie aus früheren Lebensphasen stammen. Manchmal hat unsere Seele auch Erlebnisse einfach verdrängt und gut vor uns selbst versteckt, weil wir uns nicht mit ihnen konfrontieren wollten oder konnten.

Nehmen Sie sich einmal eine Stunde Zeit und fragen sie sich, was Ihnen geschehen könnte, wenn Sie mit einem fremden Menschen allein in einem Raum eingesperrt wären. Sicher gibt es einige Befürchtungen, die sich in Ihnen regen. Das könnte anfangen bei körperlicher Gewalt und weitergehen bis zur Befürchtung, nicht gemocht zu werden.

Manchmal fürchten wir uns davor, unzulänglich, unattraktiv oder dumm eingeschätzt zu werden.

Was wollen Sie nicht erleben? Welcher Erfahrung wollen Sie aus dem Weg gehen?

Wenn Ihnen die Antwort schwerfällt, dann suchen Sie nach negativen Erlebnissen in Ihrer Vergangenheit. Wann haben Sie sich geschämt, wann haben Sie sich verlassen oder verletzt gefühlt. Meist wollen wir diese Erfahrungen nicht ein zweites Mal machen. Und unbewusst fürchten wir die Wiederholung. Allein durch diese Furcht sind wir prädestiniert, dieses Feedback von unserer Umgebung wieder und wieder anzuziehen. Hier sprechen Experten von der self-fulfilling prophecy. **Wir erwarten, was wir kennen und wir erhalten, was**

wir erwarten. Ein Teufelskreis beginnt, den es zu durchbrechen gilt. Hier spielt die Verarbeitung von Erinnerungen eine sehr große Rolle. Wenn wir mit Furcht auf unsere Umwelt zugehen, werden wir in Gefahr sein. Gehen wir mit einer liebevollen Haltung in die Welt, wirken wir friedlich und anziehend. So können wir schneller Beliebtheit erlangen. Wer sich allein nicht in der Lage fühlt, diese Aufgabe zu bewältigen, sollte in jedem Fall professionelle Hilfe suchen. Es ist keine Schande, schlimme Erlebnisse nicht allein zu bewältigen. Sie brauchen keine Angst davor zu haben, dass man Sie als schwach sieht, wenn Sie eine Psychotherapie beantragen. Oft kennen wir selbst unsere eigenen verborgenen Ängste gar nicht. Unser Unbewusstes ist unserer eigenen Wahrnehmung verborgen, dass macht den Umgang damit so schwer. In weniger schwierigen Fällen können Sie sich selbst helfen. Vielleicht schreiben Sie das Erlebte auf und gewinnen so einen gesunden Abstand. Oder Sie sprechen mit einem Vertrauten Menschen über ihre Ängste.

Eine sehr gute Methode gegen Angst ist Reiki. Der Japaner Mikao Usui hat mit seinem Reiki-System eine Methode der Entspannung geschaffen, die inzwischen weltweit praktiziert wird. Seine Arbeit fußt auf der Annahme, dass ein Mensch, der voller Energie ist, keine oder nur wenig Angst empfindet. So kann dieser Mensch der Umgebung mit Liebe begegnen. Usuis Arbeit hat das klar definierte Ziel, Angst in Liebe zu verwandeln.

Grundsätzlich kennen auch Sie den Effekt von Angst. Sie gehen auf Distanz und in eine Verteidigungshaltung. Für Liebe ist dann kein Platz mehr. Das kann sogar vollkommen unbemerkt von Ihnen ablaufen, aber die anderen werden es sehen. Auch durch Heilhypnose können Ängste abgebaut werden. Allerdings gilt hier, dass Sie Ihre Ängste kennen müssen, um gegen sie arbeiten zu können. In der Hypnose arbeiten Menschen mit Suggestionen. Sie können Ihre liebevolle Sicht auf die Welt und auf andere Menschen mit Hilfe von Autosuggestion beeinflussen.

Eine sehr schöne Möglichkeit ist, sich selbst zuerst als Freund anderer zu sehen. Wie Sie einem fremden Menschen begegnen, liegt allein an Ihnen. Da Sie noch kein Bild von ihm haben können, nutzen Sie ein erstes Bild, das aus Ihren Erfahrungen stammt. Die Iren haben ein sehr schönes Sprichwort zu diesem Thema: „Ein Fremder ist ein Freund, den du nur noch nicht kennst." Nach dieser Weisheit können Sie eine Autosuggestion entwickeln. Stellen Sie sich eine Situation mit einem guten Freund vor, in der Sie glücklich waren. Lassen Sie zu, dass diese Situation sich vor Ihrem inneren Auge entfaltet und fühlen Sie sich in das Bild hinein. Warten Sie, bis automatisch ein Lächeln auf Ihrem Gesicht entsteht und Sie die Liebe, die zwischen Ihnen und Ihrem Freund entstand, real fühlen können. Verankern Sie dieses Gefühl. Vielleicht nutzen Sie einen Schal, den Sie in der Situation getragen haben oder einen anderen Gegenstand, der Sie zukünftig immer an das bekannte, sehr positive Gefühl erinnern soll. Nehmen Sie diesen Gegenstand in der Realität in die Hände oder betrachten Sie ihn. Verbinden Sie ihn mit dem Gefühl, dass Sie in sich erzeugt haben. Wenn Sie nun einem fremden Menschen begegnen, halten Sie sich an diesem Gegenstand mental fest. So wird das Gefühl in Ihnen wieder wach und Sie erwarten vom neuen Kontakt das Beste. Das wird Ihr gegenüber fühlen und mit größter Wahrscheinlichkeit wird er so reagieren, wie Sie es wünschen, nämlich freundlich. Er wird Sie sofort als einen beliebten Menschen einschätzen.

Checkliste - Räumen Sie Ihre Ängste aus dem Weg, um liebevolle Begegnungen zu ermöglichen.

- Nehmen Sie Ihre eigenen Ängste wahr und stehen sie zu Ihnen.

- Verarbeiten Sie Ihre Ängste, damit sie Sie nicht mehr boykottieren können.

- Suchen Sie sich im Zweifelsfall fachmännische Unterstützung.

- Verstärken Sie positive Erinnerungen.

Sorgen Sie dafür, dass Sie ausreichend Energie haben

Eine Voraussetzung, liebend und beliebt zu sein ist, selbst ausreichend Kraft zu haben, um sich schützen zu können. Die Wirkung nach außen ist ruhig und gelassen. Das ist eine Wirkung, die der Vitalität nicht im Wege steht. Aber eine ausgeglichene Persönlichkeit, die in aller Ruhe Ihre Kontakte zu anderen Menschen pflegen und verbessern kann, ist definitiv beliebt. Sorgen Sie dafür, dass Sie satt sind. Das bedeutet, Sie sollten sich nicht mit Mangelerscheinungen an andere Menschen wenden. Sicher können gute Freunde, Partner und Familienangehörige Sie auch in Situationen der Schwäche erleben. Doch dafür braucht es eine Form der Vertrautheit, die nicht mit jedem Menschen möglich ist. Sorgen Sie dafür, dass Sie satt sind, wenn Sie einen guten Kontakt zu Menschen aufbauen wollen, bei denen Sie beliebt sind. Damit ist gemeint, dass Ihr Körper, Ihr Geist und Ihre Seele nicht Energie von anderen brauchen sollen. Sie werden sonst schnell als ein „Energiesauger" gesehen und das ist genau das Gegenteil von beliebt sein. Es ist mitunter sehr schwer, die Grenzen zu ziehen, sich nicht aussaugen zu lassen und gleichzeitig auch nicht bei Anderen Energie abzuziehen. Der erste Schritt hierfür ist, seinen eigenen Energiehaushalt im Griff zu haben.

Ihr Körper ist das Gefäß für Ihre Lebensenergie

Ihr Energiehaushalt besteht aus drei einzelnen Bereichen. Sicher werden Sie in der Lage sein, Ihren Körper zu versorgen. In unserem Land muss niemand hungern. Achten Sie zusätzlich darauf, dass Sie auch ausreichend Luft und Bewegung bekommen. Wenn Sie Ihre Bekannten nach einem anstrengenden Bürotag unter der Neonröhre treffen, werden Sie wenig zu geben haben. Das sind keine guten Voraussetzungen für eine Begegnung, von der alle profitieren wollen und sollen. Auch ein bisschen Wellness gehört dazu. Ein Saunabesuch, eine schöne Massage und ein neuer Haarschnitt können das Selbstwertgefühl heben und Ihre Ausstrahlung erheblich verbessern. Wenn wir ehrlich sind, können wir nicht abstreiten, dass die Werbepsychologen mit ihren Bildern von attraktiven Menschen zumindest in der Mehrheit der Bevölkerung einen Nerv treffen.

Beliebte Menschen sind fröhlich, locker und entspannt. Selbstverständlich kann das nicht der Dauerzustand für einen Menschen sein. Ebenso wenig können Sie aber immer gestresst, erschöpft und angespannt auf Ihre Umgebung zugehen. Beliebt sein ist noch lange keine Liebe. Erst, wenn sich Bindungen so weit gefestigt haben, dass sie stabil genug sind, um auch Krisen zu überstehen, können Sie sich auch von Ihrer schwachen Seite präsentieren. Beliebt sind sie in einem Kreis, der noch nicht bis an die innersten Geheimnisse Ihrer Seele herankommt. Ein engerer Kreis aus Freunden und

Familienangehörigen wird Sie nicht beliebt finden, sondern Sie lieben. Halten Sie also zu denen, bei denen Sie beliebt sein wollen, einen gesunden Abstand. Lassen Sie sich nicht zu schnell an Ihren Sorgen und Schwächen teilhaben. Das wäre ein Fehler im Prozess der Kontaktentwicklung. Lachen Sie erst eine Weile miteinander bevor Sie erwarten, dass man Ihnen ein Taschentuch gibt, damit Sie sich ausweinen können. Um eine entspannte Ausstrahlung zu haben, können Sie einige Hinweise auf den Umgang mit Ihrem Körper beachten, denn auch die Lebensführung bestimmt Ihre Wirkung auf andere Menschen mit. Essen Sie gesund.

Sebastian Kneipp hat den Spruch geprägt: „Ich ernähre meinen Körper so, dass meine Seele sich in ihm wohl fühlt." Wenn Sie Ihrem Körper immer das richtige Maß an Energie zufügen, hat Ihre Seele es leichter, sich zu entfalten. Und damit sind wir schon bei der schwierigen Aufgabe der Psychohygiene.

Eine hungernde Seele ist bemitleidenswert aber nicht beliebt

Die Seele zu sättigen ist in einer Zeit, in der Reizüberflutung und Stress zum Alltag gehören, nicht immer leicht. Aber mit ein paar Hinweisen kann es gelingen, seelisch satt zu werden. Dafür braucht Ihre Seele Wachstum, Zuwendung und Ruhe.

Die Ruhe sollten Sie an den Anfang stellen. Es ruht sich gut im Auge des Taifuns, heißt es in einer asiatischen Weisheit. Wenn Sie beliebt sein wollen, müssen die anderen Sie auch erkennen können. Das geht unter anderem auch darüber, dass Sie Ihre Grenzen definieren. Nehmen Sie sich Zeiten der Ruhe. Und das bitte nicht zwischen Tür und Angel. Geben Sie Ihrer Umgebung zu erkennen, dass Sie für sich sorgen und sich selbst schätzen. Damit setzen Sie Signale nach außen, die Sie als einen schätzenswerten Menschen erkennen lassen. Bleiben Sie sich selbst treu und versorgen Sie sich. Halten Sie sich vor Augen, dass ein Mangelexemplar nicht beliebt ist.

Als Ruhepole können den wenigsten Menschen die Sommerurlaube oder die Fernsehabende dienen. Installieren Sie eine feste Oase in Ihrem Leben, die auf keinen Fall eine Fata Morgana sein darf. Nutzen Sie einen Yogakurs oder meditieren Sie täglich zur gleichen Uhrzeit. Das schränkt zwar Ihre Flexibilität ein, doch niemand sollte sich so flexible halten, dass er die Selbstversorgung vergisst.

Umgeben Sie sich mit schönen Dingen, wann immer es Ihnen möglich ist. Wenn Sie an sich sparen, sparen Sie am falschen Ende. Und damit ist nicht nur der finanzielle Aspekt gemeint. Auch Zeit und Aufmerksamkeit sollten Sie sich in ausreichendem Maße zukommen lassen. Der Wert, den Sie sich selbst einräumen, wird Ihnen von anderen gespiegelt. Wenn andere Ihnen mehr wert sind als Sie sich selbst, werden Sie nur ausgenutzt oder als seelischer Mülleimer missbraucht. Das macht Sie zwar wichtig aber nicht beliebt.

Der Geist braucht regelmäßig Futter

Auch Ihr Geist braucht Futter. Oft sind die Arbeit und der Alltag zwar zermürbend aber nicht wirklich ansprechend für den Geist. Hin und wieder ein Theaterbesuch oder ein gutes Buch lassen Sie fühlen, dass Sie ein denkendes Wesen sind. Wir kommen zu schnell in die Versuchung, nur zu funktionieren. Das tötet den Geist und schwächt die Vitalität. Sorgen Sie vor. Die Pflege Ihres Geistes können Sie sogar gemeinsam mit anderen durchführen. Beliebte Menschen sind auch Motivatoren, denen andere sich gern anschließen. Nutzen Sie diesen Effekt für Ihre Zwecke aus. Schließlich werden Ihre Mitmenschen dankbar sein, wenn sie neue Erfahrungen aufgrund Ihrer Anregungen machen können.

Checkliste - Gehen Sie nicht hungrig auf andere Menschen zu.

- Sorgen Sie dafür, dass Ihr Körper eine gesunde und vitale Ausstrahlung hat.
- Überfordern Sie Ihre Umgebung nicht mit zu viel Vertrautheit.
- Achten Sie auf die Gesundheit Ihrer Seele.
- Verpflichten Sie sich, regelmäßig eine Oase der Ruhe aufzusuchen.

- Füttern Sie Ihren Geist mit anregenden Impulsen.

Definieren Sie sich klar und deutlich

Menschen wollen wissen, woran sie sind. Aus diesem Grund sind meist die Menschen beliebt, die auch eingeschätzt werden können. Wer sich nach allen Seiten die Türen offen hält, gilt als unstet und wird dadurch suspekt.

Wenn Sie beliebt sein wollen, sollten Sie zuerst wissen, wo Ihre Grenzen liegen. „Everybodys darling is everybodys depp", sagen die Briten vollkommen zu Recht. Sie können nicht mit jedem befreundet sein und nicht jeder kann Sie lieben. Aber Sie können allgemein als eine beliebte Person gelten. Beliebtheit strahlen Sie auch denen gegenüber aus, die gar nicht zu Ihrem engeren Kreis gehören. Wer Ihnen das Wasser nicht reichen kann, hat zwei Möglichkeiten zu reagieren. Entweder wird er ein Neider oder er gesteht Ihnen unmissverständlich zu, dass er Ihnen nicht gewachsen ist.

Die zweite Möglichkeit entsteht, wenn Sie als beliebt wahrgenommen werden. Wirklich beliebte Menschen werden meist neidlos anerkannt. Werden sie daher greifbar statt angreifbar für andere. Je fester Sie Ihre Überzeugungen und Grenzen vertreten, ohne dogmatisch zu werden, umso klarer ist das Bild, das Sie anderen von sich bieten. Diese Klarheit schafft Sicherheit und Orientierung.

Wenn Sie sich definieren wollen, brauchen Sie zuerst einen guten Überblick über Ihre eigene Person. Was mögen Sie, was mögen Sie nicht? Ermitteln Sie diese Parameter in allen Lebensbereichen. Das wird eine Weile dauern.

Fügen Sie eine dritte Komponente hinzu. Was ist für Sie tabu? Wo hört Ihre Toleranz auf und über welche Brücke würden Sie nie gehen? Belassen Sie es nicht bei Aussagen wie „Ich würde nie einen Menschen töten.". Hier geht es auch um die Verteidigung dessen, was für Ihre Selbstversorgung notwendig ist. Entscheiden Sie, dass Sie Ihre Oase der Ruhe beschützen werden. Und erheben Sie es zum Tabu, Ihr letztes Hemd zu geben. Wenn Ihnen diese Entscheidungen in Fleisch und Blut übergehen, können Sie von Ihren Mitmenschen viel klarer wahrgenommen werden, auch ohne dass Sie viel über Ihre Grenzen sprechen müssen. Sie müssen keine Vorträge und keine Verteidigungsreden halten. Es reicht, selbstbewusst und souverän zu wirken, um auch so wahrgenommen zu werden.

„Nein" ist ein vollständiger Satz. Wer sich erklärt, strahlt Unsicherheit und Unterlegenheit aus. Was aber haben Ihre Grenzen mit Ihrer Beliebtheit zu tun? Wer beliebt ist, spielt eine wichtige Rolle für andere. Je besser Ihre Umgebung Sie einschätzen kann, umso besser können Sie einen Platz in der Gruppe einnehmen. Daraus folgt eine Stabilität, die Sie in Ihrem sozialen Netz erleben können und die Ihrer Selbstsicherheit dienlich ist.

Wenn Sie Ihre Grenzen nicht deutlich selbst darstellen, geben Sie den Mitmenschen das Gefühl, für Sie verantwortlich zu sein. Das wird auf Dauer anstrengend sein. Wer Anstrengungen für andere Menschen bedeutet, macht sich unbeliebt. Schließlich sind beliebte Menschen kein Stressfaktor, sondern eine Quelle der Freude.

Checkliste zur klaren Definition Ihrer Grenzen:

- Machen Sie sich zuerst Ihre eigenen Grenzen bewusst.
- Bestimmen Sie Ihre Tabus.
- Lernen Sie „Nein" zu sagen ohne Erklärungen abzugeben.
- Geben Sie anderen zu verstehen, dass Sie sehr gut selbst auf sich achten können.
- Gehen Sie niemals über die Grenze der Selbstversorgung.

Zeigen Sie sich großzügig

Kleine Geschenke erhalten die Freundschaft. Doch Vorsicht, der Grat zwischen Aufdringlichkeit und Großzügigkeit ist sehr schmal. Können Sie etwas richtig gut? Wenn es sich um eine Kleinigkeit für Sie handelt, können Sie damit großzügig umgehen und andere teilhaben lassen. Allerdings sollten Sie vermeiden, mit Ihren Fähigkeiten zu prahlen. Frauen haben es oft leicht mit kleinen Handarbeiten oder Basteleien. Eine hübsche Grußkarte oder ein gehäkelter Talisman kosten nicht viel, aber die Wirkung ist immens hoch. Der Beschenkte hat nicht das Gefühl, ins Hintertreffen zu geraten und gleichzeitig fühlt er sich geschätzt. Mit kleinen Geschenken lösen Sie Freude im anderen Menschen aus. Das macht sie beliebt.

Achten Sie darauf, dass der andere ausreichend Raum hat, es Ihnen gleichzutun. Er wird sich revanchieren wollen, geben Sie ihm die Gelegenheit. Sonst könnte wieder das schon erwähnte Schuldgefühl entstehen, dass Sie als Ursache unsympathisch macht. Kleine Geschenke sind nicht immer nur materiell. Erkundigen Sie sich nach dem Zustand der erkrankten Mutter oder fragen Sie nach, ob die Autoreparatur sehr teuer war. Anteilnahme ist ein Geschenk. Sie können auch Informationen anbieten, zum Beispiel, wenn jemand etwas sucht, von dem Sie wissen, wo es zu bekommen ist. Werden Sie dabei aber nicht zum Ratschläger, denn Schläge mag niemand gern einstecken. Bieten Sie Hilfe grundsätzlich nur ein einziges Mal zu einem bestimmten Thema an.

Wenn sie nicht angenommen wird, ist sie nicht gewünscht. Das müssen Sie respektieren.

Der Grund hierfür liegt nicht in Ihnen sondern im Gegenüber. Wenn Sie großzügig sind, dann spielen Sie Ihr Geschenk nicht runter. Lassen Sie sich loben, nehmen Sie ein Kompliment an und zeigen Sie damit, dass Sie sich nicht für einen Gönner halten. Großzügigkeit darf nicht von oben herab geschehen. Sie muss aus einer liebevollen Zuwendung heraus gelebt werden. Und seien Sie anderen gegenüber nie großzügiger als gegenüber sich selbst. Das wäre zwar äußerst heldenhaft aber vollkommen unrealistisch. Denken Sie an das Mädchen mit den Schwefelhölzern. Am Ende ist es erfroren. Was war der Dank? Wer hat das arme und doch so großzügige Kind gerettet? Niemand. So kann es auch Ihnen gehen, wenn Sie für andere Ihr letztes Hemd hergeben. Es ist ein Zeichen von Lebensunfähigkeit, sich selbst nicht zu versorgen. Und das wiederum ist nicht geeignet, um beliebt zu werden. Die Versuchung mag groß sein, doch letztlich geht es dann darum, sich Freunde zu kaufen. Das sollte niemand auch nur am Rande in Erwägung ziehen. Denn gekaufte Freunde werden immer teurer und bieten keine Befriedigung für unsere Bedürfnisse. Überlegen Sie, was Sie verschenken könnten, ohne das Ihnen selbst ein Mangel entsteht. Einige Vorschläge finden Sie unten, vielleicht ist etwas für sie dabei:

- Verschenken Sie ein Lächeln, wenn sich Ihre Blicke mit denen eines anderen Menschen treffen.

- Hören Sie zu. Menschen mögen es, wenn ihnen zugehört wird.

- Verschenken Sie Zeit. Bieten Sie an, jemandem einen Weg abzunehmen oder sein Paket an der Tür für ihn anzunehmen.

- Bieten Sie zum Beispiel Bücher an, die Sie ausgelesen haben. So entstehen auch interessante neue Gesprächsthemen.

- Treten Sie einer Online-Community bei, in der es um das Verschenken geht. Bieten Sie Dinge, die Sie nicht mehr brauchen, anderen an.

- Wenn Sie eine Handarbeit beherrschen, dann verschenken Sie kleine Kostbarkeiten bei Gelegenheiten wie Besuchen oder zu Geburtstagen.

- Verschenken Sie Erfahrung. Lassen Sie andere Menschen an Erfahrungen teilhaben, die Sie gemacht haben, wenn Sie darum gebeten werden.

- Verschenken Sie Geduld. Sie können sich beliebt machen, indem Sie Ihren Mitmenschen das Gefühl geben, dass Sie Ihnen Raum für Entwicklung geben.

- Verschenken Sie Toleranz. Lassen Sie andere fühlen, dass Sie kleine Schwächen und Unzulänglichkeiten großzügig übersehen.

- Denken Sie an andere, wenn Sie Backen oder Kochen. Backen Sie ein paar Muffins zusätzlich und bringen Sie sie zu einem Treffen mit. Jeder mag es, ein bisschen verwöhnt zu werden. Selbstgemachtes liegt sehr im Trend und kommt viel besser an als gekaufte Kleinigkeiten.

- Hören Sie aufmerksam zu, wenn andere von Ihren Vorlieben oder Bedürfnissen erzählen. Sie sollten die Lieblingsfarben oder die Lieblingsspeisen anderer kennen. Es gibt immer Gelegenheiten, zu denen Sie einen Bekannten mit einer besonderen Aufmerksamkeit überraschen können.

Wirken Sie anonym positiv

Testen Sie einmal wie es sich anfühlt, wenn Sie anonym helfen. Egal, ob man weiß, was Sie getan haben oder nicht, die Wirkung wird nicht ausbleiben. Ein heimlicher Wohltäter zu sein hebt das Selbstbewusstsein und es macht Freude zu beobachten, wie andere sich freuen. Außerdem erleben Sie damit eine Möglichkeit, Großzügigkeit zu trainieren. Sie nehmen Teil, ohne auf die Anerkennung angewiesen zu sein. So können Sie üben, vom Feedback von anderen Menschen unabhängig zu sein. Außerdem schulen Sie dabei, zu erkennen, wo Ihre Hilfe gebraucht wird. Das lässt Ihre Empathie wachsen. Empathische Menschen haben es leichter, Sympathie zu gewinnen.

Checkliste für Ihre Großzügigkeit:

- Verschenken Sie nichts, was den anderen in Verlegenheit versetzen könnte.
- Verschenken Sie selbst gemachte Dinge. Das macht sympathisch und ist unverfänglich.
- Schenken Sie nichts, was Sie nicht entbehren können.
- Üben Sie sich in Großzügigkeit, indem Sie anonym Gutes tun.

Bieten Sie Verbindlichkeit ohne Zwänge

Unzuverlässigkeit ist die schlimmste negative Eigenschaft, die ein Mensch zeigen kann. Unzuverlässige Menschen sind nicht beliebt, sondern lästig. Denn dieses Verhalten hat zwei Auswirkungen auf die Mitmenschen.

Die erste ist, dass der Mensch sich nicht respektiert fühlt. Wer unzuverlässig ist, der strahlt Respektlosigkeit aus. Der zweite negative Effekt ist, dass unzuverlässige Menschen nicht ernst genommen werden. Daher sollten Sie, um beliebt zu sein, unbedingt dafür sorgen, dass Sie als zuverlässig wahrgenommen werden.

Viele Menschen machen den Fehler, zuverlässig sei auch, mit Begründung eine Verabredung abzusagen oder ein Versprechen zu brechen. Das stimmt nicht. Zuverlässigkeit fängt schon vor Ihrer Zusage an. Bevor Sie sich verbindlich zu einem Thema äußern, machen Sie sich bewusst, ob sie die Zusage auch problemlos einhalten können. Wenn Sie pünktlich aber abgehetzt am rechten Ort ankommen und dabei auch noch äußern, dass Sie eigentlich gar keine Energie für das gemeinsame Vorhaben haben, haben Sie Ihre Zusage nicht erfüllt. Sie haben sich geopfert und das hat niemand verlangt. Damit setzen Sie den anderen ins Unrecht und vermitteln mindestens unbewusst ein Schuldgefühl. Schuldgefühle zu erzeugen ist eine der besten Methoden, um sich unbeliebt zu machen. Setzen Sie auf Freiwilligkeit. Sie und Ihr Verabredungspartner sollten das Gefühl haben, sich ungezwungen zu begegnen.

Checkliste für Zuverlässigkeit:

- Treffen Sie nur Verabredungen, die Sie auch einhalten können.
- Nehmen Sie Verabredungen ernst, denn ein anderer Mensch hat sich an Sie gebunden.
- Stellen Sie Ihre Zuverlässigkeit nicht als ein Opfer dar.

Machen Sie sich zu einem Erlebnis für die Sinne

Menschen sehen Sie nicht nur oberflächlich an. Viel intensiver ist die unbewusste Wahrnehmung ihrer Ausstrahlung. Einem Menschen zu begegnen bedeutet, dass wir alle Sensoren, die uns zur Verfügung stehen, nutzen, um den anderen zu erfassen. Wir fahren quasi unsichtbare Antennen aus. Wir tasten den anderen ab wie mit einem Scanner. Oft können wir nach diesem Wahrnehmungsvorgang noch nicht einmal unsere gewonnenen Erkenntnisse schildern. Ein vages Gefühl von Sympathie oder Antipathie bleibt nach diesem Scannvorgang zurück. Manchmal ist das Ergebnis eine unbestimmte Abwehr. Auch Angst oder Aggression können das Ergebnis sein. Am deutlichsten lässt das Gefühl des Verliebt-Seins sich auf diesen Abtastvorgang zurückführen. Es gibt für dieses Gefühl keine rationale Begründung. Und dennoch ist es vorhanden.

Wie wir wahrgenommen werden, haben wir zu einem großen Teil selbst in der Hand. Die Sensoren sind unsere Sinne. Sie können bewusst sehr viel dafür tun, dass die Sinne anderer Menschen positive Signale an das Unbewusste der anderen senden. Dadurch werden Sie offen und positiv aufgenommen. Sie erhalten eine Chance, beliebt zu werden.

Die Augen

Die Augen sind der Sinn, der zuerst anspricht, vorausgesetzt, es gibt etwas zu sehen. Menschen mit einem angenehmen Äußeren sind beliebter als Menschen, die eine weniger angenehme Optik haben. Doch was ist ein angenehmes Äußeres? Studien haben ergeben, dass zumindest kleine Kinder aus unserem Kulturkreis besonders positiv auf Menschen des hellen Typs, also blond und hellhäutig reagieren. In einem versuch wurden Kleinkinder mit brünetten Frauen und mit blonden Frauen in Kontakt gebracht. Die blonden Frauen wurden öfter angelächelt als die Frauen mit dunkleren Haaren. Jetzt können aber nicht alle Frauen und Männer ihre Haare blondieren lassen. Außerdem sind Erwachsene keine Kleinkinder. Alle Haarfarben haben ihre Attraktivität und ihre Liebhaber. Aber grundsätzlich wird in unserer Kultur eine dunkle Farbe eher mit negativen Aspekten in Verbindung gebracht. Hell steht, auch in unserer Sprache, in einem engen Zusammenhang mit „freundlich". Wer beliebt sein möchte, muss das wissen und berücksichtigen. Tragen Sie im Zweifelsfall helle Farben (weiß ist keine Farbe). Verzichten Sie auch zu kräftige Farben, um nicht abschreckend zu wirken. Sie müssen nicht aussehen wie ein Bonbon oder wie ein wandelndes Osterkörbchen. Doch dunkle Töne, vor allem in der Kombination braun – grau – schwarz wirken nach psychologischen Erkenntnissen alt, starr und wenig motivierend. Die so genannten Herrenfarben sind also nicht unbedingt geeignet, Sie beliebt zu machen.

Wenden wir uns von der Kleidung, die jeder sehr gut beeinflussen kann, anderen optischen Gesichtspunkten zu. Ein Mensch, der ungepflegt oder unruhig wirkt, steht in der Gefahr, unbeliebt zu sein.

Die Nase

Der Geruchssinn ist viel wichtiger und entscheidender als manche Menschen wissen. Zwar fallen wir anderen sofort ins Auge, doch selbst der schönste Mensch kann erleben, dass Sie ihn nicht riechen können. Da hilft dann eine ansprechende Optik genau so wenig wie eine tolle Kommunikation oder ein teures Auto. Der Geruchssinn hat unseren Vorfahren Aufschluss darüber gegeben, ob ein Mensch gefährlich war oder ob er für die gemeinsame Fortpflanzung genetisch geeignet war.

Wir erleben den Geruchssinn inzwischen überwiegend unbewusst, aber er ist noch vorhanden und zwar in der gleichen Stärke wie früher. Raucher und Biertrinker haben es oft schwer. Wer nicht selbst raucht oder ein Bier getrunken hat, wird den Geruch als Störung empfinden. Knoblauch oder verschiedene andere Gerüche sind ebenfalls keine gute Wahl auf dem Weg, eine beliebte Persönlichkeit zu werden. Sorgen Sie für einen frischen Atem, bevor Sie sich einem anderen Menschen nähern.

Ebenso wichtig wie der Atem sind aber die Gerüche, die in der Kleidung und in der Wohnung hängen bleiben. Gerade im Umgang mit Nichtrauchern sollte jedem Raucher klar sein, dass er den Gegenüber geruchsmäßig viel abverlangt, wenn er ihm seinen Zigarettengeruch zumutet. Wenn es sich nicht vermeiden lässt, dass Sie rauchen, dann achten Sie darauf, Ihre Kleidung öfter zu waschen, vor allem auch Ihre Jacken und Accessoires wie Textiltaschen oder Halstücher und ähnliches.

In Ihrer Wohnung sollten Kissen und Decken regelmäßig gereinigt werden. Was für Zigaretten gilt, gilt auch für andere Gerüche wie Alkohol und Gewürze, Zwiebeln und Knoblauch. Versuchen Sie erst gar nicht, die Gerüche durch Duftstoffe aus der Drogerie oder der Parfümerie zu überdecken. Es funktioniert nicht, eher wird alles nur noch schlimmer. Außerdem gelten starke Parfüms und schlechte Duftmittel genauso als unsympathisch wie die bereits genannten Stoffe. Wenn Sie gut riechen wollen, sollten Sie für Hygiene sorgen und darauf achten, maximal ein dezentes Parfüm oder ähnliches zu tragen. Überdenken Sie, welche Düfte an Ihnen an einem durchschnittlichen Tag haften. Das kann eine unangenehme Mischung aus Zahnpasta, Duschgel, Deo, Haarspray und Zigaretten sein. Ihre Nase nimmt das nicht wahr, aber andere Menschen erleben Ihren individuellen Geruch unbewusst. Niemand wird sagen, dass er Sie nicht mag, weil Sie stinken. Der Volksmund sagt: Ich kann diesen Menschen nicht riechen.

Der Mund

Es gibt einen guten Grund, warum Menschen, die sich kennenlernen wollen, sich zum Essen verabreden. Schmecken gehört zu den Wahrnehmungen. Selten wird allerdings getestet, wie eine andere Person schmeckt. In unserem Kulturkreis nähern wir uns nicht körperlich, um uns kennenzulernen. Vielmehr sind positive Geschmackserlebnisse während einer Begegnung dazu geeignet, die Begleitung sympathisch zu finden. Aus diesem Grund schenken wir uns gegenseitig Delikatessen und Süßigkeiten. Wir wollen den Geschmackssinn der anderen davon überzeugen, dass es gut ist, sich in unserer Umgebung aufzuhalten. Beliebt sein bedeutet immer auch attraktiv sein. Attraktivität ist Anziehungskraft. Menschen lassen sich immer dorthin anziehen, wo sie sich Genuss und Wohlergehen versprechen.

Die Ohren

Eine wohlklingende Stimme kann Musik in den Ohren sein. Sehr hohe, dünne Stimmen werden von der Mehrheit der Menschen als unsympathisch erlebt. Ein tiefer Bariton kann unbewusste Ängste auslösen. Wie kommt Ihre Stimme bei anderen Menschen an? Wenn Sie der Auffassung sind, an Ihrer Stimme sollte etwas gearbeitet werden, nehmen Sie entweder Unterricht in Stimmbildung oder in Gesang. Schon wenige Stunden und etwas Training verleihen Ihrer Stimme mehr Volumen und eine bessere Präsenz. Wer eine schöne Stimme hat, sollte keine Gelegenheit auslassen, diese auch zu nutzen. Neben der Stimme spielt natürlich auch der Inhalt des Gesprochenen eine große Rolle. Ob Sie es glauben oder nicht, es gibt Wörter, die Sie beliebt machen und es gibt Wörter, die einen Anteil daran haben, wenn Sie unbeliebt wirken. Vermeiden Sie die folgenden Wörter, wenn Sie mit Menschen sprechen:

Problem

Stress

Kummer

Tod

Krieg

Meiden Sie außerdem alle Begriffe, die aus der militanten Sprache stammen, wenn Sie nicht Militarismus zum Thema haben.

Der Tastsinn

Menschen nehmen auch über die Fingerspitzen wahr. Nicht umsonst galten und gelten „Samt und Seide" als kostbar. Je angenehmer die Strukturen Ihrer Kleidung und Accessoires auf ihr Gegenüber wirken, umso sympathischer werden Sie gesehen.

Checkliste für eine sinnliche Erscheinung

- Achten Sie auf ein positives Äußeres.
- Formen Sie Ihre Stimme, wenn es nötig ist. Sprechen können Sie üben.
- Lassen Sie andere Menschen angenehme Texturen fühlen, wenn es möglich ist.
- Liebe geht durch den Magen. Verwöhnen Sie Ihre Mitmenschen ruhig mit Gaumenfreuden.
- Sorgen Sie dafür, dass Sie einen angenehmen Geruch haben.

Kommunizieren Sie konstruktiv

Mit Hilfe der Kommunikation lassen sich Beziehungen aufbauen. Ihre Kommunikation bestimmt zwei Drittel Ihrer Beliebtheit. Obwohl wir es kaum bewusst wahrnehmen, entscheiden die verbale und die non-verbale Kommunikation weitestgehend darüber, ob ein Mensch als beliebt wahrgenommen wird oder nicht.

Kommunizieren mit dem Körper

Die non-verbale Kommunikation setzt sich aus der Mimik und der Gestik zusammen. Bewegungen unserer Hände, die Stellung unserer Füße und die Haltung unseres Kopfes lösen im anderen unbewusste Wertungen aus. Oft wissen wir gar nicht, warum ein Mensch keine Chance bei uns erhält. Irgendetwas hat uns gestört. Dieser Eindruck ist meist bleibend. Daher sollten Sie Ihre Körpersprache vor dem Spiegel trainieren, wenn Sie beliebt sein wollen.

Offene Handhaltungen, Blickkontakt und eine insgesamt gerade Haltung sind wichtig, damit ein anderer Mensch sich von Ihnen eingeladen fühlt, Kontakt zu Ihnen aufzunehmen. Wenn er sich abgelehnt oder ignoriert fühlt, wird er sie nicht auf seine Liste der beliebten Personen setzen. Einige non-verbale Unsitten haben sich in der modernen Gesellschaft eingeschlichen. Das Argument, dass die Zeiten sich verändern, gilt hier gar nicht, es ist schlicht Unfug. Die Zeiten verändern sich zwar, doch die Menschen bleiben Menschen und die unbewussten Programme lassen sich auch nicht einfach löschen. Sie merken das immer dann, wenn Sie sich richtig wohl mit einem Menschen fühlen. Meist verzichtet dieser Mensch auf die modernen Flegeleien und in Ihnen entsteht Sympathie für ihn. Vergessen Sie also die „veränderten Zeiten", wenn Sie mit Menschen umgehen und beliebt bei Ihnen sein wollen. Verzichten Sie unbedingt auf die folgenden Modetrends:

- Sonnenbrille beim Gespräch

Augenkontakt ist die wichtigste Brücke von Mensch zu Mensch. Wenn Sie Ihre Augen nicht zeigen, kann das Gegenüber keinen Augenkontakt herstellen. Damit gerät er bei Ihnen in eine Sackgasse und erlebt Verunsicherung. Es gibt 100 schlechte Ausreden dafür, die Sonnenbrille nicht abzunehmen. Es gibt aber keine einzige gute Entschuldigung. Wenn Sie wirklich ein Problem mit dem Sonnenlicht haben, bitten Sie Ihr gegenüber, mit Ihnen in den Schatten oder in einen geschlossenen Raum zu gehen. Hier können Sie die Sonnenbrille ohne Bedenken abnehmen. Erklären Sie dem Anderen, dass Sie sich nicht mit Sonnenbrille auf der Nase unterhalten wollen. Das bringt Ihnen zusätzliche Pluspunkte ein.

- Blick aufs Smartphone im Gespräch oder in geselliger Runde

Auch für den Blick auf das Smartphone gibt es mehr schlechte Ausreden als man sich vorstellen kann. Lassen Sie es einfach. Ihr Gesprächspartner ist Ihre ungeteilte Aufmerksamkeit wert. Wenn Sie das nicht so sehen, sollten Sie den Kontakt zu diesem Menschen gar nicht pflegen. Stellen Sie Smartphone auch lautlos, bevor Sie in den Kontakt gehen. In einer Reiz überfluteten Welt brauchen wir noch zusätzliche Störgeräusche. Sollte ein wirklich triftiger Grund vorliegen, warum Sie Ihr Smartphone in Bereitschaft halten müssen, dann bitten Sie vorher um Verständnis und erklären Sie in kurzen Worten, worum es geht. Wenn Ihre Mutter im Krankenhaus liegt oder die Kinder allein zuhause sind, werden die meisten Menschen Verständnis für Sie haben. Für solche Fälle kann das Smartphone in der Tasche auf niedriger Lautstärke aktiv werden. Auch hier gilt, das Gerät muss nicht sichtbar sein.

- Begrüßung mit Zigarette in der Hand

Es ist nur eine Kleinigkeit, aber sie hat große Wirkung. Wenn Sie einen Menschen begrüßen, legen Sie bitte die Zigarette aus der Hand. Der andere ist keine Nebensache, das sollte direkt zu Beginn einer Begegnung schon klar sein. Der erste Eindruck, den der andere gewinnt, ist sonst negativ und Ihre Chancen auf einen guten Platz in seiner Beliebtheitsskala schrumpfen auf ein Minimum zusammen.

- Ungepflegte oder schmutzige Kleidung

Vielleicht denken Sie jetzt beim Lesen, dass die Frage nach gepflegter Kleidung doch eigentlich gar keine Frage sein kann. Leider stimmt das nicht mehr. Gemäß der faulen Ausrede „es kommt auf die inneren Werte an" lassen sich viele Menschen inzwischen sehr gehen, wenn es um die Pflege der eigenen äußeren Erscheinung geht. Bedenken Sie bitte, dass ein ungepflegter Stil jeden wertvollen Kontakt davon abhalten wird, Ihre inneren Werte zu suchen. Außerdem gilt noch immer, und das werden wir trotz aller rationalen Verrenkungen nicht ändern, dass Attraktivität und Beliebtheit eng miteinander verbunden sind.

- Sexismus durch die Kleidung

Dieser Hinweis geht fast ausschließlich an die Damenwelt. Unsere Mode und unsere Kleidungsstile sind locker und freizügig geworden. Frauen dürfen zeigen, was sie haben und Männer dürfen nicht hinschauen. Ein Mann wird es als aufdringlich und verunsichernd empfinden, wenn er durch den Ausschnitt seiner Gesprächspartnerin bis auf den Bauchnabel schauen kann. Ein gewisser Schutz vor sexueller Belästigung steht auch Männern zu. Das gleiche gilt für die Darstellung der sexuellen Ausrichtung. Um beliebt zu sein braucht niemand gleich die Türen zum Schlafzimmer zu öffnen. Sexualität ist dem privaten, engen Kreis vorbehalten. Ob ein Mensch heterosexuell, homosexuell oder bisexuell ist,

ist es eine Angelegenheit und die seiner oder seines Partners. Eine allzu große Offenheit wird als respektlose Grenzüberschreitung gewertet. Halten Sie sich also zurück, es sei denn Sie sind auf der Suche nach einem One-Night-Stand.

Achten Sie auf Ihren Körper, wenn Sie beliebt sein wollen

Niemand kann seinen Körper gegen einen anderen eintauschen. Das würde auch zu weit gehen. Aber wie Sie Ihren Körper nutzen, um beliebt zu sein, hängt ganz allein von Ihnen ab. Lernen Sie hier einige Regeln darüber, wie Sie sich über Ihre Körperhaltung und Körpersprache beliebt machen können. Beginnen Sie damit, sich über die Augen Gedanken zu machen. Das Wichtigste an unseren Augen ist der Blickkontakt, den wir halten. Lassen Sie Ihre Augen nicht abschweifen, wenn Sie mit jemandem sprechen. Das irritiert den anderen und wer sich von Ihnen irritiert fühlt, wird Sie sicher nicht zu seinen beliebten Kontakten zählen.

Jeder Mensch hat das Grundbedürfnis nach Sicherheit in seinem Unbewussten verankert. Dieses Grundbedürfnis sollten Sie berücksichtigen, wenn Sie Ihren Mitmenschen begegnen. Ein echter Augenkontakt ist kein kurzer Blick, sondern er braucht seine Zeit.

Stellen Sie sich vor einen Spiegel und blicken Sie sich in die Augen. Zählen Sie dabei bis drei. Mindestens so lange sollten Sie im Blick des anderen verweilen, damit er sich sicher fühlt und eine positive Bindung entstehen kann. Üben Sie diesen zeitlichen Rahmen so lange ein, bis er Ihnen in Fleisch und Blut übergeht. Beachten Sie, dass ein Blickkontakt zur Begrüßung und zum Abschied gehören. Im Gespräch suchen Sie den Blick des Gesprächspartners möglichst oft. Wenn Sie ein gutes Gefühl für die Dauer des Augenkontaktes haben, vermeiden Sie ein unhöfliches Starren.

Wenn Sie sich mit anderen im gleichen Raum befinden, sollten Sie sich stets darum bemühen, auch körperlich immer auf einer Höhe zu sein. Bleiben Sie nicht sitzen, wenn alle stehen. Und setzen Sie sich dazu, wenn die anderen sitzen. Es schafft Distanz, von oben oder von unten an einem Gespräch teilzunehmen. Diesen kleinen Trick können Sie kinderleicht beherzigen.

Bietet Ihnen jemand etwas zu trinken an und Sie haben keinen Durst, nehmen Sie das Getränk trotzdem an. Unsere Vorfahren haben mit ihren Freunden die Nahrung und das Wasser geteilt. Falsche Bescheidenheit ist hier fehl am Platz und schafft nur Misstrauen. Es gilt die einfache Regel: „Wer mit mir nichts trinken will, der will nicht lange bleiben." Sollten Sie keinen Alkohol nehmen wollen, ist das kein Problem. Bitten Sie um ein Glas Wasser, das bringt den Gastgeber nicht in Schwierigkeiten, denn Wasser ist immer im Angebot.

Ihre Beine sollten nicht überkreuzt sein, ebenso wenig Ihre Arme. Das wird zwar nicht als Abwehr gesehen, aber Sie wirken verkrampft, wenn Sie Ihre Gliedmaßen verschränken. Und beliebt ist immer der, der locker und befreit ist.

Achten Sie auf Ihre Hände. Sie kennen den berühmten „Panzer" von Angela Merkel. Die Medien haben zwar Scherze darüber gemacht, aber so lustig ist das Thema gar nicht. Grundsätzlich gilt, dass der erhobene und auch der deutende Zeigefinger Sie unsympathisch machen. Eine offene Handhaltung ist von großer Bedeutung für den Beliebtheits-Faktor eines Menschen. Früher zeigten Menschen mit der offenen Handhaltung, dass Sie keine Waffe gegen den Gesprächspartner in der Hand verborgen hielten. Unser Unbewusstes reagiert noch immer wie unsere Vorfahren in den alten Zeiten. Aus diesem Grund sind die Hände in den Hosentaschen auch immer tabu.

Haben Sie Ticks? Kratzen Sie sich, wenn Sie nervös werden oder kauen Sie auf Ihren Haaren herum? Suchen Sie nach einer Möglichkeit, diesen Tick zu überwinden. Gerade, wenn Sie Menschen zum ersten Mal begegnen, können diese Ticks eine Barriere sein, die Ihre Beliebtheit unmöglich macht.

Hypnose und Psychotherapie können helfen, diese Ticks zu beseitigen. Sie sollten diese Investition tätigen, wenn Sie beliebt sein wollen. Das Prinzip „Ich will so bleiben, wie ich bin" funktioniert nicht. Es gibt Millionen von Menschen allein in Deutschland, die beliebt sein wollen. Vielleicht haben Sie die besten inneren Werte, die ein Mensch zu bieten hat. Doch wenn Sie die Hürde des ersten Kontakts nicht schaffen, wird niemand Ihre inneren Reichtümer entdecken wollen. Der Mensch wird zu Beginn mit den Augen wahrgenommen. Dieser Realität muss sich jeder stellen, der seine sozialen Kontakte verbessern will.

Checkliste für Ihre Körperhaltung:

- Halten Sie Blickkontakt. Trainieren Sie die Dauer des Blicks vorher.

- Nehmen Sie die gleiche Haltung im Raum ein, wie die anderen. Setzen und stellen Sie sich dazu.

- Verschränken Sie Ihren Körper nicht.
- Zeigen Sie eine offene Handhaltung.
- Versuchen Sie mit Hilfe von Fachleuten, Ticks zu überwinden.

Sammy Malchow gilt als hervorragender Experte zum Thema Körpersprache. Wenn Sie mehr darüber wissen wollen, wie Sie schon allein mit Hilfe der Körpersprache Sympathien sammeln können, dann besorgen Sie sich ein Buch von ihm oder schauen Sie Videos zum Thema. Eine gute Körpersprache braucht Training und vor allem Vorbilder. Vielleicht gibt es sogar einen Kurs in Ihrer Stadt. Viele Volkshochschulen haben das Thema in Ihrem Programm. Zusammen mit anderen lässt es sich besser erlernen.

Kommunizieren mittels Sprache

Alle Menschen haben Sprechen gelernt. Umso verwunderlicher ist es, dass gerade die verbale Kommunikation so oft Ursache für Konflikte zwischen Menschen ist. Missverständnisse und Fehlinterpretationen bergen viele Möglichkeiten, sich unbeliebt zu machen. Kommunikation lernen wir unser ganzes Leben lang. Wir werden nie fertig damit. Stets kommen neue Kommunikative Erfahrungen hinzu. Das liegt daran, dass Sprache allgemein und auch im individuellen Kontext ein sich veränderndes System ist. Aber es gibt einige Grundbegriffe, die jeder lernen und beherzigen kann, der beliebt sein will.

1. Hören Sie zu

Kommunikation beginnt mit dem Hören. Schlechte Zuhörer werden als unsympathisch erlebt. Außerdem unterstellt man Ihnen, dass Sie sich nicht für andere interessieren. Ignoranz wird sogar als eine Form von seelischer Gewalt wahrgenommen. Lassen Sie den anderen aussprechen und ermutigen Sie ihn, indem Sie hin und wieder zustimmend nicken und den Blickkontakt nicht vergessen.

2. Stellen Sie Fragen

Interesse zeigen Sie, indem Sie Fragen stellen. Sie zeigen damit Interesse und geben zu verstehen, dass Sie sich des Themas des anderen anzunehmen bereit sind. Gerade bei neuen Kontakten sind Fragen ein gutes Zeichen, um Sympathie zu wecken. Die Fragen dürfen allerdings nicht kritischer Natur sein, wenn Sie den Menschen noch nicht gut kennen. Sie würden sonst sofort als arrogant eingeschätzt werden. Um einen Menschen zu kritisieren, sollte zuerst ein stabiles Vertrauensverhältnis aufgebaut sein.

3. Wiederholen Sie die Aussagen des Gesprächspartners

Es mag seltsam klingen, aber Nachahmung zeigt Sympathie. Wenn Sie Teile aus dem Gesprächsbeitrag Ihres Kommunikationspartners wiederholen, kann er sich sicher sein, dass Sie ein aufmerksamer Zuhörer sind.

4. Vermeiden Sie Fachchinesisch und Fremdwörter

Sprechen Sie die Sprache Ihres Zuhörers. Wenn Sie jemanden beeindrucken wollen, dann durch Zuwendung und Freundlichkeit. Beeindrucken Sie andere nicht durch Ihre Überlegenheit, denn das wird als Überheblichkeit gewertet.

5. Sprechen Sie öfter in einem „Wir"

Menschen sind nicht gern ausgeschlossen. Sie wünschen sich Verbundenheit. Durch gezielten Einsatz von „Wir"-Botschaften können Sie diese Verbundenheit herstellen.

6. Vermeiden Sie Füllwörter wie „eigentlich" oder das unkonkrete „man"

Sagen Sie, was Sie meinen, damit der Gesprächspartner Sie auch verstehen kann. Wenn Ihre Botschaften verschlüsselt sind, wird es für Ihren Zuhörer mühsam, mit Ihnen zu sprechen. Er könnte schnell die Lust auf ein weiteres Gespräch verlieren.

Checkliste zur konstruktiven Kommunikation:

Achten Sie darauf, dass Sie mit der Kommunikation etwas aufbauen. Schaffen Sie Perspektiven für weiteren Kontakt.

- Hören Sie gut zu.
- Erwecken Sie Sympathie durch Fragen und Wiederholungen.
- Sprechen Sie eine klare und deutliche Sprache.
- Nutzen Sie „Wir"-Botschaften

To do / not to do

Wie bei allen anderen Zielen auch, gibt es beim Ziel „Beliebt-Sein" Schritte und Maßnahmen, die Ihnen helfen können, Ihr Ziel zu erreichen und auch Schritte, die in die falsche Richtung führen und Sie von Ihrem Ziel entfernen. Die meisten dieser erlaubten und eher nicht erlaubten Aspekte haben Sie sicher schon einmal gehört. Dieses Kapitel ist dazu geschrieben worden, Ihnen wie ein Spickzettel zu dienen. Es ist sinnvoll, die einzelnen Aspekte immer gut vor Augen zu haben, wenn Sie im Kontakt mit anderen Menschen stehen. Vielleicht können Sie die beiden Listen auch durch Ihre eigenen Erfahrungswerten ergänzen. Schützen Sie sich beim Lesen und durchdenken der Listen vor Schutzbehauptungen. „Das hat bisher noch nie jemanden gestört", „Bei mir ist alles anders", „Ich bin wie ich bin und lass mich nicht verbiegen".

Schenken Sie sich ein paar Sekunden Selbstkritik. Wenn die oben genannten Schutzbehauptungen einen Wahrheitsgehalt hätten, hätten Sie niemals das Bedürfnis entwickelt, dieses Buch zu lesen. Es gibt nämlich einen unerfüllten Wunsch in Ihrem Leben: Den Wunsch, beliebter zu werden.

To do

Die folgenden Anregungen können Ihnen Punkte in den Herzen der Mitmenschen einbringen:

- Erkundigen Sie sich nach dem Befinden, aber ernsthaft. Hören Sie sich die Antwort an.
- Seien Sie pünktlich zu Verabredungen.
- Drücken Sie sich unmissverständlich aus, wann immer es möglich ist.
- Pflegen Sie ihr Erscheinungsbild.
- Halten Sie sich über aktuelle Themen auf dem Laufenden.
- Zeigen Sie Respekt.
- Machen Sie Komplimente.
- Haben Sie immer ein Lächeln für Ihre Mitmenschen bereit.
- Bleiben Sie sich treu.
- Stehen Sie zu Ihrem Wort.
- Zeigen Sie Höflichkeit, wenn es angebracht ist.
- Bleiben Sie sachlich, wenn es Meinungsverschiedenheiten gibt.
- Spielen Sie Ihre Stärken nicht herunter.
- Zeigen Sie sich großzügig.
- Zeigen Sie sich hilfsbereit.

Not to do

Vermeiden Sie die folgenden Verhaltensweisen, wenn Sie auf der Beliebtheitsskala nicht abrutschen wollen:

- Machen Sie sich nicht über andere lustig.
- Prahlen Sie nicht.
- Stellen Sie Ihr Licht nicht unter den Scheffel, betreiben Sie nicht „fishing for compliments".
- Stellen Sie sich nicht als Opfer dar.
- Machen Sie keine Witze über Minderheiten.
- Verschweigen Sie Ihre Schwächen nicht.
- Zwingen Sie anderen nicht Ihre Hilfe auf.
- Reden Sie nicht über Menschen, sprechen Sie mit Menschen.
- Sprechen Sie nicht ständig über Krankheiten.
- Sprechen Sie nicht von Geldsorgen.
- Vermeiden Sie, beleidigt zu sein, wenn Sie kritisiert werden.
- Verhalten Sie sich nicht abfällig gegenüber Schwächeren.
- Gehen Sie nicht verschwenderisch mit materiellen Werten um.

Sie sehen anhand dieser Liste, dass es meistens auf die goldene Mitte ankommt. Wirklich beliebt ist der, der das richtige Maß trifft.

Schwächen zugeben aber nicht jammern. Seine Hilfe anbieten aber nicht aufdrängen. Dieses richtige Maß finden Sie, wenn Sie sich selbst in Ihrer Mitte stabil halten. Hierfür ist Ihre Selbstversorgung von großer Bedeutung. Ruhe und Entspannung sind das A und O in der Lebensführung von beliebten Menschen.

Sie sind am Ende immer genau so beliebt, wie Sie sich selbst zu lieben bereit sind. Ihre Umwelt wird Ihnen genau den Wert zusprechen, den Sie sich selbst geben, ohne dabei selbstverliebt wie Narziss zu sein. Gehen Sie daher in regelmäßigen Abständen auf Distanz zur Umgebung, und wenn es nur für eine Stunde in der Woche ist. Verzichten Sie in dieser Zeit auf Ablenkung und befassen Sie sich damit, sich selbst wahrzunehmen.

Bedenken Sie: Wenn Sie es nicht mit sich allein aushalten können, wieso sollten dann andere Ihre Gesellschaft suchen?

Schlußwort

Werter Leser, liebe Leserin,

vielen Dank für Ihre Aufmerksamkeit. Sie haben die Ausführungen in diesem Buch bis zum Ende gelesen. Ich wünsche Ihnen nun, dass es Ihnen gelingt, eine beliebte Persönlichkeit zu sein.

Impressum:

T.Breise

c/o Autoren.Services

Zerrespfad 9

53332 Bornheim

tbreise.buch-autoren.de

tbreise@tbreise.buch-autoren.de

Bilder: Shutterstock com Photography

Email Newsletter

Anmeldung per Email um über Neuerscheinungen und News informiert zu werden, bitte eine Email an

newsletter@tbreise.buch-autoren.de senden.

Urheberrechte

Die Inhalte dieses Werkes unterliegen dem deutschen Urheberrecht. Die Vervielfältigung, Bearbeitung, Verbreitung und jede Art der Verwertung außerhalb der Grenzen des Urheberrechtes bedürfen der schriftlichen Zustimmung des jeweiligen Autors bzw. Erstellers. Downloads und Kopien dieser Seite sind nur für den privaten, nicht kommerziellen Gebrauch gestattet.

Gratis Ebook zum schmökern

Hier ist der Link zu einem meiner Ebooks, dass nach eintragen in meiner Emaillistc gratis heruntergeladen werden kann.

http://breiseebook.buch-autoren.de